Vétérinaire

Édition publiée par les Éditions Scholastic,
604, rue King Ouest, Toronto (Ontario) M5V 1E1
avec la permission de Quarto Group.

6 5 4 3 2   Imprimé en Chine CP141   14 15 16 17 18

Auteure : Amanda Askew

Concepteur graphique et illustrateur : Andrew Crowson

Directrice artistique : Zeta Davies

Catalogage avant publication de Bibliothèque et Archives Canada

Askew, Amanda
Vétérinaire / Amanda Askew ;
illustrations d'Andrew Crowson ;
texte français d'Isabelle Allard.

(J'aime mon métier)
Traduction de: Vet.
Pour les 4-7 ans.

ISBN 978-1-4431-0389-3

1. Vétérinaires--Ouvrages pour la jeunesse.
I. Crowson, Andrew II. Allard, Isabelle
III. Titre. IV. Collection: J'aime mon métier

SF756.A8514 2010   j636.089   C2010-902797-3

Les mots en **caractères gras**
sont expliqués dans le glossaire
de la page 24.

J'aime mon métier

Vétérinaire

Amanda Askew

Illustrations d'Andrew Crowson

Texte français d'Isabelle Allard

Éditions
SCHOLASTIC

Voici la D^re Blanche.
Elle est vétérinaire.
Elle soigne les
animaux blessés
et malades.

4

Elle arrive à la **clinique** autour de
8 heures. Clara, la réceptionniste,
discute des animaux qui ont rendez-
vous avec Bruno, l'aide-vétérinaire.

La docteure et Bruno commencent par examiner les animaux qui sont à l'infirmerie.

— La patte de Biscuit va mieux, dit la D^re Blanche.

— Le ventre de Charlot **guérit** bien depuis l'opération.

La chatte Myrtille a eu des bébés la semaine dernière. Certains chatons ne pouvaient pas téter. On les a amenés à la clinique pour qu'ils apprennent à se nourrir.

— Comment vas-tu,
Myrtille? Tes chatons
sont en bonne santé.
Je crois que
tu peux rentrer
à la maison.

Ensuite, la D^{re} Blanche vérifie le cahier de rendez-vous pour voir quels animaux elle doit examiner.

— Nous allons être occupés, aujourd'hui! Fais entrer le premier client, Clara.

La chienne Laska
doit se faire couper
les griffes.

Le chat Arthur
s'est battu; il a
des égratignures
sur la patte.

La tortue Tara n'a pas d'appétit. C'est parce qu'elle vient de sortir d'hibernation.

Le chiot Poncho doit se faire **vacciner** pour demeurer en santé.

Les dents du lapin Roméo sont trop longues. La D^re Blanche va les limer.

Le serpent Zouki semble trop tranquille.

14

Le rat César s'est
échappé de sa cage
et s'est blessé à
la queue.

La chatte Cora a des
puces. Sa peau est
irritée parce qu'elle
s'est beaucoup grattée.

Le prochain cas est un peu plus grave. Le chien Nestor n'a pas l'air dans son assiette. Sa propriétaire est inquiète.

— Nestor ne mange pas et il a vomi.

— Voyons.
Je vais palper son ventre. Se pourrait-il qu'il ait avalé un objet?

— Il mâchonne toutes sortes de choses, mais il ne les mange pas, d'habitude!

La D^re Blanche envoie Nestor passer une **radiographie.**

Bruno lui apporte les résultats.

— On dirait que Nestor a avalé une petite balle. Je dois l'opérer pour la retirer.

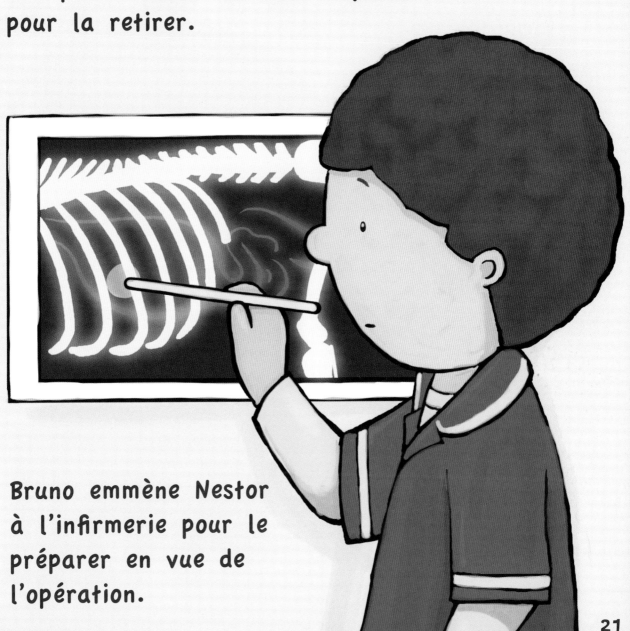

Bruno emmène Nestor à l'infirmerie pour le préparer en vue de l'opération.

Une heure plus tard, la D^{re} Blanche téléphone à la propriétaire de Nestor.

— Nous avons extrait la balle. Nestor va bien, mais nous allons le garder quelques jours. Vous pourrez le voir demain.

— Merci beaucoup! dit la propriétaire.

— À votre service! répond la docteure en souriant.

Glossaire

Clinique : endroit où des traitements médicaux sont donnés.

Guérir : redevenir en santé.

Hibernation : profond sommeil de certains animaux pendant l'hiver.

Opérer : ouvrir le corps d'un patient pour soigner une partie blessée.

Radiographie : photographie d'une partie interne du corps, comme les os.

Téter : façon dont les bébés boivent le lait de leur mère.

Vacciner : faire une piqûre pour protéger d'une maladie.